Ο Παρδαλός καμηλοπάρδαλος και η Σκουληκαρδούλα

ΚΕΙΜΕΝΟ - ΕΙΚΟΝΟΓΡΑΦΗΣΗ
Κατερίνα Κατσάπη

'Αφιερωμένο
σε όλα τα παιδιά
του κόσμου
αλλά και σε εκείνα
τα ξεχασμένα παιδιά
που κρύβουμε
μέσα μας.'

Copyright © Katerina Katsapi 2018
Published in England by AKAKIA Publications, 2018

Κατερίνα Κατσάπη
**Ο Παρδαλός Καμηλοπάρδαλος
και η Σκουληκαρδούλα**

ISBN: 978-1-912322-50-3
Copyright © Katerina Katsapi 2018
CopyrightHouse.co.uk ID: 2095323

Cover Image:
Illustrator: Katerina Katsapi
Book Design:
Katerina Katsapi

19 Ashmead, Chase Road,
N14 4QX, London, UK

T. 0044 207 1244 057
F. 0044 203 4325 030

www.akakia.net
publications@akakia.net

All rights reserved.
No part of this publication may be reproduced, translated, stored in a retrieval system, or transmitted, in any form or by any means, electronic, mechanical, photocopying, microfilming, recording, or otherwise, without the prior permission in writing of the Author and the AKAKIA Publications, at the address above.

2018, London, UK

Δυό φορές και δυό καιρούς,

κάπου σ'ένα πυκνοκατοικημένο δάσος,
ζούσε ένας καμηλοπάρδαλος.
Το πραγματικό του όνομα δεν το γνώριζε κανείς,
το παρατσούκλι του ήταν «Παρδαλός» κι όλοι τον
φώναζαν έτσι! Είτε του άρεσε, είτε όχι. Θα ήταν τα
χρώματά του, που δεν τον έκαναν να μοιάζει με τους
άλλους, θα ήταν η ονειροπόλα καρδιά του, που παρέσυρε και πέτρες στο διάβα
της, ή η τρελιάρικη συμπεριφορά του που κέρδιζε και το πιο σκληρό καρύδι κι
αμύγδαλο του δάσους;
Ό,τι κι αν ήταν, το όνομα τού είχε βγει, κι αυτό δεν άλλαζε.

Με πολλές χάρες κι αρετές ο Παρδαλός πάντα περιπλανιόταν στο δάσος σαν ανεμοστρόβιλος χαράς, τραγουδώντας, χορεύοντας και μοιράζοντας γέλιο και αγάπη σε όλα τα πλάσματα του δάσους. Ήταν τόσο χαρούμενος που κανείς δε φανταζόταν ότι πίσω από αυτό το γλυκό χαμόγελο και το μυστηριώδες καπελάκι που πάντα φορούσε, κρυβόταν μια μεγάλη θλίψη.

Όποιος τον γνώριζε, νόμιζε πως τον αγαπούσε.
Το νόμιζε μέχρι τη στιγμή που μάθαινε το μυστικό του.
Ένα μυστικό που τον βασάνιζε, καθώς ήταν το μόνο πράγμα που έκανε όλους να ξεχάσουν την πουπουλένια καρδιά του και να γίνουν «καπνός», αφήνοντας τις «στάχτες» του Παρδαλού να σιγοκαίνε πίσω τους.

Οι μέρες του κυλούσαν, με την ιστορία του να επαναλαμβάνεται χωρίς να φτάνει ποτέ στο όμορφο τέλος που ονειρευόταν.
Αυτό που θα τον έκανε ευτυχισμένο!

Μια από αυτές λοιπόν ήταν και η μέρα που απολάμβανε το γεύμα του στο αγαπημένο του δέντρο με αγαπόφυλλα, όταν από το γρασίδι πέρασε μια πανέμορφη καμηλοπαρδαλίνα, που για κάποιο περίεργο λόγο, κοιτούσε συνέχεια τον ουρανό...
Ήταν πραγματικά από τις πιο όμορφες καμηλοπαρδαλίνες του δάσους, αλλά και η πιο ψηλομύτα.

Δεν είχε αισθήματα κι αγάπη για κανέναν! Της ήταν τόσο δύσκολο να δει πέρα από τον καθρέφτη της, που καμιά φορά σκουντουφλούσε σε όποιον βρισκόταν στο δρόμο της.

Ο έρωτας είναι ένα τέλειο παιχνίδι! Κάτι μεταξύ κρυφτού - κυνηγητού και σκοτεινού δωματίου! Κρύβεσαι από σένα, κυνηγάς τον άλλο, και δε βλέπεις τίποτα...

...του έρωτα όσο κι αν προσπαθείς να του αλλάξεις κατεύθυνση, δε θα χάσει ποτέ το δρόμο του. Αν έχει βάλει στο μάτι να σε πετύχει, θα σε πετύχει!

Μια όμως από τις φορές που ξεχάστηκε, το βλέμμα της εκτός από τον ουρανό κοίταξε και λίγο τη γη, και τότε αντίκρυσε τον Παρδαλό καμηλοπάρδαλο!

Αυτό ήταν! Τον **ερωτεύτηκε** μονομιάς!
Ήταν η πρώτη φορά που ένιωσε κάτι
να της γαργαλάει την καρδιά.
Άρχισε να βλέπει αστεράκια, ενώ ήταν μέρα!
Στο μυαλό της ξετυλίχτηκε σα φιλμ, μια ονειρεμένη
ταινία με την ίδια να πρωταγωνιστεί σε όλα
τα ρομαντικά παραμύθια που ήξερε...
Ξαφνικά είδε όλο τον κόσμο όμορφο,
ενώ μέχρι τότε απλά δεν είχε καν προσέξει
ότι υπάρχει κόσμος.

Ανασυγκρότησε τις σκέψεις της μέσα στα σύννεφα
και αμέσως έτρεξε προς το αγαπόδεντρο που γευμάτιζε ο Παρδαλός,
για να τον γνωρίσει και -χωρίς αμφιβολία- να τον κερδίσει.

«Καλημέρα! Είμαι καινούρια στη γειτονιά και πολύ θα ήθελα να με βοηθήσεις να γνωρίσω το δάσος. Με λένε Ομορφοτάτη, δε θα μπορούσαν να με λένε κι αλλιώς βέβαια! Είμαι ωραία και σπουδαία» περηφανεύτηκε η καμηλοπαρδαλίνα όλο σιγουριά και νάζι.

«Ω, φυσικά, είσαι πολύ όμορφη» τραύλισε ο αγαποχτυπημένος Παρδαλός, που μόλις την είδε έχασε τα παραλογικά του.

«Ωραία λοιπόν, κερνάς φύλλα σε ένα υπέροχο δέντρο που ανακάλυψα χτες!» απάντησε βιαστικά η καμηλοπαρδαλίνα.

«Μα... μόλις έφαγα» είπε διστακτικά ο Παρδαλός.

Ήξερε τη συνέχεια της ιστορίας, μα τον πλήγωνε το ίδιο όσες φορές κι αν τη ζούσε... Ήξερε πως μόλις έβγαζε το καπέλο του, η Ομορφοτάτη θα το έβαζε στα πόδια!

«Αποκλείεται να μου αρνηθείς, δεν το έχει κάνει ποτέ κανείς! Είπα και ελάλησα και την ωραία μου φωνή σου χάρισα!» επέμενε τραγουδιστά η καμηλοπαρδαλίνα που δεν είχε μάθει να της χαλάνε χατίρι...

Ήταν τόσο φαντασμένη και πεισματάρα η Ομορφοτάτη...
Ήταν τόσο ευγενικός και καλόκαρδος ο Παρδαλός...
Έμοιαζε αδύνατον να της αρνηθεί.

Είχε σουρουπώσει καθώς έκαναν βόλτα στο πολύχρωμο δάσος και κουβέντιαζαν, ή μάλλον μονολογούσε η Ομορφοτάτη, με τον Παρδαλό να ΟΝΕΙΡΟΠΟΛΕΙ -πως ίσως είχε βρει την αγάπη- και να ακούει προσεκτικά τα πιο ασήμαντα πράγματα, που όμως για κείνον ήταν σημαντικά. Γιατί πίστευε πως όσο λίγα κι αν ξέρει ο άλλος, πάντα έχεις κάτι να μάθεις απ'αυτόν.
Ήταν μια υπέροχη νύχτα που όμως δε θα κρατούσε για πολύ...

«Γιατί δεν βγάζεις το καπέλο σου;»
ρώτησε ξαφνικά η Ομορφοτάτη, παγώνοντας το χαμόγελο στη μουσούδα του Παρδαλού.

«Εεεε.... καλύτερα όχι..»

«Βγάλε το καπέλο σου!»
ξαναείπε με προστακτικό τόνο, καθώς δε σήκωνε αντιρρήσεις στις επιθυμίες ή μάλλον στις απαιτήσεις της.

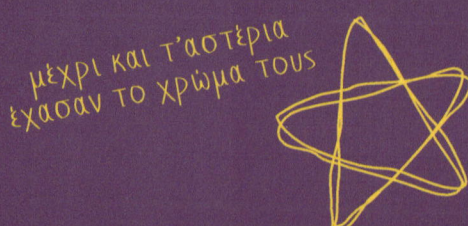

μέχρι και τ'αστέρια έχασαν το χρώμα τους

Όνειρο είναι
το παιχνίδι της ελπίδας!
Παίζεται όταν κοιμάσαι,
δε χάνει ποτέ κανείς,
αλλά κερδίζει μόνο
όποιος ξυπνήσει!

Αυτές ήταν οι τελευταίες λέξεις
που είπε η κακομαθημένη καμηλοπάρδαλη,
πριν εξαφανιστεί ουρλιάζοντας
-σα να είδε φάντασμα- μόλις αντίκρυσε το...
μαδημένο κεφάλι του Παρδαλού!

το μυστικό

Πόσα διάφανα δάκρυα κύλησαν και πάλι
από τα θλιμμένα μάτια του...
Πόση μοναξιά μπορούσε να αντέξει
η **τεράστια ψυχή** του
που φάνταζε με κάστρο στοιχειωμένο...

Πέταξε απογοητευμένος το καπέλο του,
να το πάρει ο αέρας μακριά...
μαζί με τις ελπίδες του πως κάποια μέρα
θα έβρισκε κάποιον να τον αγαπήσει
αληθινά, έτσι ακριβώς όπως ήταν.

Ανήμπορος πια ακόμα και να περπατήσει, κάθησε κάτω από ένα γέρικο γυμνό δέντρο, στραγγίζοντας και τα τελευταία δάκρυα που του είχαν απομείνει...

Δεν ήξερε όμως πως σε λίγο θα ξεδιπλωνόταν η πιο υπέροχη ιστορία αγάπης όλου του γαλαξία!

Πάνω στο άδειο - φαινομενικά - δέντρο, κατοικούσε μια σκουληκαντέρα που την έλεγαν Σκουληκαρδούλα! Όνομα και πράμα!

Μπορεί να ήταν η πιο σιχαμερή σκουληκαντέρα του δάσους, μα ήταν και η πιο καλόψυχη και αγαθή. Ποτέ δεν πείραξε κανέναν, όμως όλοι τη σιχαίνονταν και κανείς δεν την πλησίαζε να της δώσει μια ευκαιρία να ξεδιπλώσει το θησαυρό που έκρυβε μέσα της.

Τέτοιο θησαυρό που ήταν σα να είχε καταπιεί σεντούκι με μαργαριτάρια και πολύτιμους λίθους!

Έτσι λοιπόν έμενε στο πιο απόμερο δέντρο, ώστε να μη χαλάει και την αισθητική του δάσους, όπως την είχαν κάνει να πιστεύει...

Φιλία είναι ένα μοναδικό επιτραπέζιο παιχνίδι, στο οποίο όλοι οι παίκτες πάντα κερδίζουν! Χωρίς να χρειάζεται να κάνουν ζαβολιές.

Καθώς ο χειμώνας πλησίαζε, η Σκουληκαρδούλα έπρεπε να βρει ένα πιο ζεστό μέρος να κρυφτεί.
Όταν είδε το κεφαλάκι του Παρδαλού, σκέφτηκε πόσο ωραία φωλίτσα θα ήταν για να αντέξει το κρύο που θα ερχόταν. Χωρίς δεύτερη σκέψη λοιπόν πήδηξε και κουλουριάστηκε με πελώρια χαρά!

Ο Παρδαλός σαν ένιωσε τη χαρά στο κεφάλι του, παραξενεύτηκε, καθώς ήξερε πολύ καλά πια, πως κανείς δεν τον πλησιάζει σαν βλέπει το μαδημένο κεφάλι του...

«Αααααχ...» χασμουρήθηκε η Σκουληκαρδούλα.
«Τι όμορφα και ζεστά που είναι εδώ! Μυρίζει αγάπη και θα ήθελα τόσο πολύ να μείνω. Όμως ξέρω, είμαι τόσο σιχαμερή που δε θα με θες ούτε εσύ.
Καλύτερα να πηγαίνω...» συνέχισε απογοητευμένη μόλις ανακάλυψε οτι η καινούρια της φωλιά, δεν ήταν άλλη από το κεφάλι ενός καμηλοπάρδαλου.

«Όχι, όχι! Μη φύγεις σε παρακαλώ!» ξεφώνησε ο Παρδαλός, κάνοντας το τελευταίο δάκρυ του να διαπεράσει το χαμογελό του και να τον ξεδιψάσει.
«Είσαι το μοναδικό πλάσμα που με αποδέχτηκε όπως είμαι! Μπορείς να μείνεις όσο θέλεις! Είσαι τόσο καλή!» είπε κι ένιωσε την χαμένη του ελπίδα για αγάπη να ξαναζωντανεύει απ'το πουθενά.

Έτσι κι έγινε! Μετά από πολλές φορές και πολλούς καιρούς, η ιστορία άλλαξε!

Την άλλαξε ο Παρδαλός και η Σκουληκαρδούλα που έμειναν για πάντα οι πιο **αχώριστοι φίλοι**! Από τότε κανείς πια στο δάσος δεν τους κορόιδεψε!

Ή τουλάχιστον εκείνοι δεν κατάλαβαν κάτι τέτοιο. Γιατί η αγάπη τους δεν έβλεπε ασχήμιες παρά μονάχα μια απέραντη καλοσύνη που τους γέμιζε την καρδιά **ευτυχία**!

Κι όχι μόνο την καρδιά, αλλά κι ολόκληρο το δάσος που για κάποιο περίεργο λόγο, λένε οτι από τη **δύναμη** της αγάπης τους, πλημμύρισε από καταρράκτες χαράς, γέμισε αγαπόδεντρα και όλα τα ζώα έζησαν χορεύοντας χέρι χέρι, τον κύκλο της ζωής.

Όλοι είμαστε άξιοι να αγαπηθούμε,
όταν μπορούμε να αγαπήσουμε...
Να αγαπήσουμε χαρίζοντας την
ομορφιά που κρύβουμε μέσα μας!
Γιατί μόνο αυτή η ομορφιά μπορεί
να αλλάξει, όχι μόνο τον κόσμο μας,
αλλά και ολόκληρο το σύμπαν!

www.ingramcontent.com/pod-product-compliance
Lightning Source LLC
Chambersburg PA
CBHW041234040426
42444CB00002B/162

9 781912 322503